돼지학교에 오신 것을
환영합니다!

백명식 글·그림

강화에서 태어나 서양화를 전공했습니다. 출판사 편집장을 지냈으며, 다양한 분야의 책과 사보, 잡지 등에 그림을 그리고 있습니다. 특히 어린이들이 좋아하는 책을 쓰고 그릴 때 가장 행복하다고 합니다. 그린 책으로는 《WHAT 왓? 자연과학편》《책 읽는 도깨비》《자연을 먹어요 시리즈》 등이 있으며, 쓰고 그린 책으로는 《인체과학 그림책 시리즈》《돼지학교 과학 시리즈》《저학년 스팀 스쿨 시리즈》 등이 있습니다. 소년한국일보 우수도서 일러스트상, 중앙광고대상, 서울일러스트상을 받았습니다.

이정 감수

초등수학교육과를 졸업하고, 현재 서울대광초등학교에서 아이들을 가르치고 있습니다. 2009, 2007 개정 수학교과서 집필위원으로 참여했으며 교육청 영재교육원과 지역공동 영재학급, 서울교대 부설 영재교육원에서 강의하고 있습니다. 현재 전국수학교사모임 초등부 국장을 맡고 있습니다.

전국수학교사모임(The Korean Society of Teachers of Mathematics) 추천

수학 교육의 발전과 수학의 대중화를 목적으로 결성된 수학 교사들의 연구 단체입니다. 수학 교육의 발전을 위해 끊임없이 연구하며 교육 자료를 개발하고 있습니다. 아이들과 함께하는 즐겁고 알찬 수학 수업을 위해 오늘도 쉬지 않고 연구하며 달려가고 있습니다.

돼지학교 수학 13

마왕의 군사 비밀을 알아낸 돼지

백명식 글·그림 | 이정(전국수학교사모임) 감수

초판 인쇄일 2016년 2월 3일 | **초판 발행일** 2016년 2월 15일
펴낸이 조기룡 | **펴낸곳** 내인생의책 | **등록번호** 제10호-2315호
주소 서울시 영등포구 당산로 41길 11 당산 SKV1 Center W1801호
전화 (02)335-0449, 335-0445(편집) | **팩스** (02)6499-1165
전자우편 bookinmylife@naver.com | **홈카페** http://cafe.naver.com/thebookinmylife
편집장 이은아 | **편집1팀** 신인수 이다겸 | **편집2팀** 박호진 조정우 김예지
디자인 안나영 김지혜 | **경영지원** 조하늘 | **마케팅** 강보람

ISBN 979-11-5723-244-4 (74410)
ISBN 979-11-5723-135-5 (세트)

ⓒ 백명식, 2016

책값은 뒤표지에 있습니다.
잘못된 책은 구입처에서 바꾸어 드립니다.

이 도서의 국립중앙도서관 출판시도서목록(CIP)은 e-CIP홈페이지(http://www.nl.go.kr/ecip)와
국가자료공동목록시스템(http://www.nl.go.kr/kolisnet)에서 이용하실 수 있습니다. (CIP제어번호: CIP2016001570)

돼지 학교 수학 13

마왕의 군사 비밀을 알아낸 돼지

백명식 글·그림 | 이정(전국수학교사모임) 감수

통계와 그래프

내인생의책

돼지 삼총사와 큐리, 어스가 우주 마왕 별에서 지구로 잠시 돌아왔어.
모두들 지구에 도착하자마자 마트로 달려갔지.
"와, 맛있는 게 정말 많아."
다들 침을 꼴깍꼴깍 삼키며 간식거리를 살폈어.
그런데 도니가 보이질 않았어.
"도니는 어디 갔지?"
수학 마녀가 도니를 찾으러 나섰어.

데이지

"대체 빵이 어디 있담?"

도니는 마트를 이리저리 헤매고 있었어.

"도니야, 여긴 칫솔이랑 비누가 있는 진열대잖니.
빵을 찾으려면 다른 진열대에 가야지."

수학 마녀가 도니에게 말했어.

돼지 삼총사와 큐리, 어스는 수학 마녀를 따라 빵이 있는 진열대로 향했어.

"여기는 빵, 저긴 사탕, 저 너머엔 아이스크림이 있네."

꾸리와 데이지는 진열대를 돌아다니며 간식을 수레에 가득 담았어.

"상품이 종류별로 잘 정리되어 있지? 이렇게 종류별로 나누는 것을 분류라고 한단다."

수학 마녀가 웃으며 말했어.

꿀꿀 더 알아보기

분류란?

분류는 어떤 기준을 세워 비슷한 종류끼리 묶어 놓은 것이에요. 비슷한 종류끼리 묶어 두면 개수를 파악하거나 가져다 쓰기 편리하지요. 분류와 비슷한 말로 구분이란 말도 있어요. 분류가 자잘한 대상을 큰 범위로 묶는 것이라면, 구분은 큰 범위 안에 있는 대상을 더 작은 범위로 나누는 것이랍니다.

집에 돌아오자 수학 마녀가 말했어.
"얘들아, 사 온 간식들을 분류해 볼까?"
"어떻게 분류하지?"
"먼저 기준을 정하자."
데이지와 꾸리가 머리를 맞댔어. 하지만 곧 아수라장이 되고 말았지.
"달콤한지 짭조름한지 맛에 따라서 묶자."
"아니야. 길쭉한지 납작한지 모양에 따라 분류해야 해."
데이지와 꾸리는 서로 자기 말이 옳다고 우겨 댔어.
"싸우지 마. 두 가지 이상의 기준으로 분류해도 되거든."
큐리가 나서서 싸움을 말렸어.

꿀꿀 더 알아보기

분류와 기준

대상을 분류하려면 먼저 기준을 정해야 해요. 대상마다 구별되는 특성을 분류 기준으로 정하지요. 때로는 분류 기준이 두 가지 이상이 될 수 있어요. 맛(단맛과 짠맛), 모양(길쭉한 모양과 납작한 모양)처럼 두 가지 기준에 따라 대상을 분류할 수도 있지요.

삐, 삐리리릿. 그때 갑자기 신호음과 함께 큐브에 불이 들어왔어.
큐리가 큐브에 손을 대자 우주 마왕의 목소리가 들렸어.
"당장 돌아와! 우리 군대의 군사력을 통계 내야 하는데,
너희 말고는 마땅한 부하가 없다!"
"쳇, 통계라고?"
도니가 투덜거렸어.
"우리에게 좋은 기회야. 적을 알고 나를 알면 백전백승이란 말이 있잖아.
마왕의 군대에 대해 자세히 알 수 있는 절호의 기회야."
큐리가 두 눈을 반짝이며 말했어.

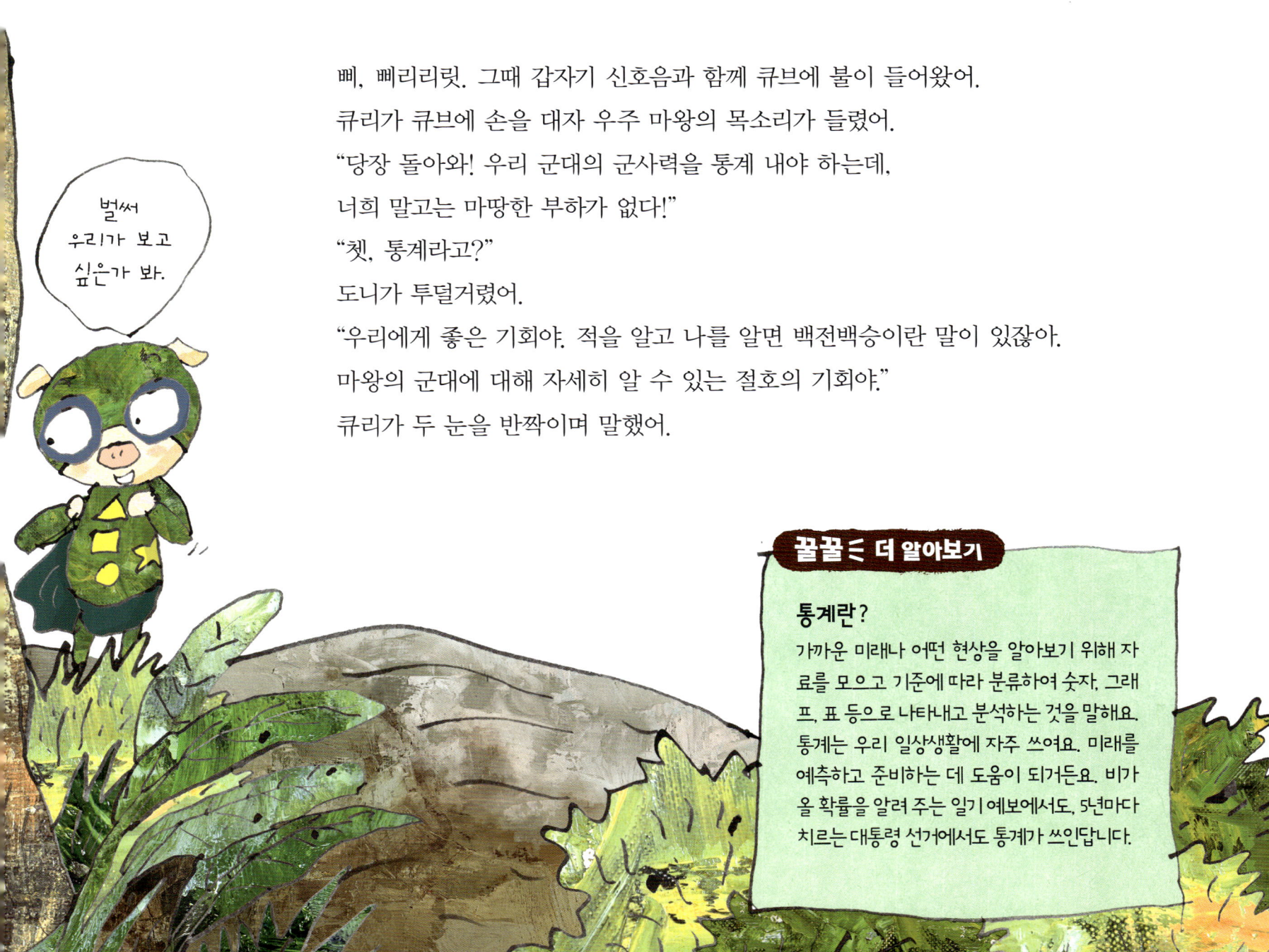

벌써 우리가 보고 싶은가 봐.

꿀꿀∈ 더 알아보기

통계란?

가까운 미래나 어떤 현상을 알아보기 위해 자료를 모으고 기준에 따라 분류하여 숫자, 그래프, 표 등으로 나타내고 분석하는 것을 말해요. 통계는 우리 일상생활에 자주 쓰여요. 미래를 예측하고 준비하는 데 도움이 되거든요. 비가 올 확률을 알려 주는 일기 예보에서도, 5년마다 치르는 대통령 선거에서도 통계가 쓰인답니다.

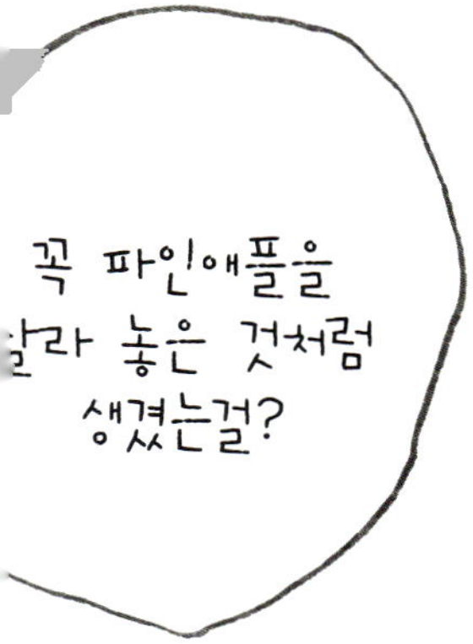

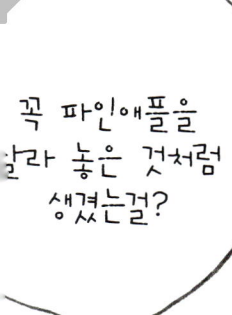

꼭 파인애플을 잘라 놓은 것처럼 생겼는걸?

"그런데 마왕은 왜 군대에 대한 통계를 내려는 걸까?"
꾸리가 고개를 갸우뚱거렸어.
"통계는 가까운 미래나 현상을 예측할 때 쓰인단다.
앞으로 일어날 일을 미리 준비할 수 있지."
수학 마녀가 꾸리에게 이야기했어.
"앗, 그럼 마왕은 전쟁을 준비하는 데 통계를 활용하겠네요!"
꾸리는 그제야 고개를 끄덕였어.

번개 모양으로 생긴 선이야.

꿀꿀< 더 알아보기

통계의 유래

'통계'를 뜻하는 영어 단어 statistics는 '나라'를 뜻하는 status라는 그리스어에서 유래됐어요. 나라 살림을 잘 꾸리려면 나라 안에 무엇이 있는지 알아야 해요. 나라 안에 몇 명이 살고, 땅이 얼마나 넓은지, 무기는 얼마나 있는지 살펴야 사람과 자원을 적절히 배치할 테니까요. 그래서 고대 바빌로니아와 이집트, 로마에서도 인구수와 땅 너비를 조사하는 등 나라 살림에 통계를 활용했답니다.

"하지만 어떻게 통계를 낸담?"
꾸리가 걱정스러운 얼굴로 말했어.
"우리한테는 수학 마녀님이 있잖아."
데이지가 간절한 눈빛으로 수학 마녀를 바라봤어.
"호호호. 좋아, 그럼 사 온 간식들로 통계를 공부해 보자꾸나."
"우아! 간식으로 수학 공부를 하다니!"
수학 마녀의 말에 도니가 함박웃음을 지었어.

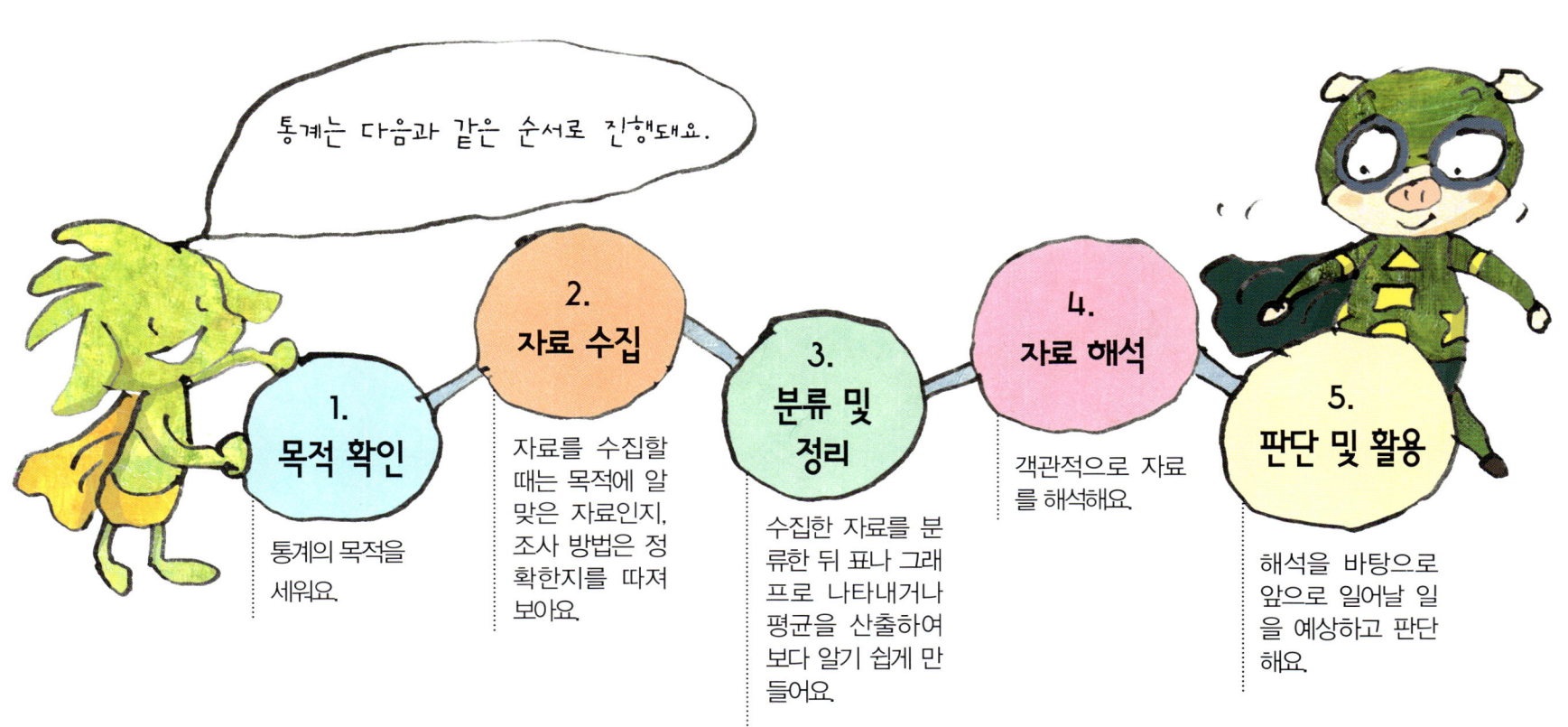

통계는 다음과 같은 순서로 진행돼요.

1. 목적 확인
통계의 목적을 세워요.

2. 자료 수집
자료를 수집할 때는 목적에 알맞은 자료인지, 조사 방법은 정확한지를 따져 보아요.

3. 분류 및 정리
수집한 자료를 분류한 뒤 표나 그래프로 나타내거나 평균을 산출하여 보다 알기 쉽게 만들어요.

4. 자료 해석
객관적으로 자료를 해석해요.

5. 판단 및 활용
해석을 바탕으로 앞으로 일어날 일을 예상하고 판단해요.

돼지 삼총사와 큐리, 어스는 간식을 아이스크림, 사탕, 빵, 초콜릿, 과자 다섯 가지로 분류하기로 했어.

"과자는…… 하나, 둘, 셋, 넷, 다섯, 여섯!"

큰 소리로 도니가 세면 데이지가 칠판에 기록했어.

다음 차례는 사탕이야.

"하나, 둘, 셋, 넷, 다섯, …… 열넷, 열다섯!"

사탕은 열다섯 개나 됐어.

사탕을 좋아하는 꾸리가 손에 닿는 대로 마구 담았거든.

꿀꿀 더 알아보기

자료 기록하기

자료 정리의 첫 단계는 분류한 자료의 수를 세어 기록하는 것이에요. 자료는 숫자를 쓰거나 선을 긋는 등 다양한 방법으로 기록할 수 있어요. 특히 바를 정(正)은 획 수가 적고, 선을 긋거나 그어진 선을 알아보기도 쉬워 자료의 수를 기록하는 데 자주 쓰여요.

"이제 아이스크림만 남았어. 하나, 둘, 셋, 넷!"
도니의 말에 데이지가 아이스크림 개수를 칠판에 적어 두었어.
"개수를 모두 세었으니 이제 표로 정리해 볼까?"
도니와 데이지를 바라보던 수학 마녀가 살며시 다가와 말했어.
"표라고요?"
"자료를 표로 정리하면 훨씬 보기 쉽거든."
꾸리가 고개를 갸웃거리자 데이지가 연필을 들고 나섰어.
데이지는 표를 뚝딱 그리더니 칸마다 숫자를 채워 넣었지.

꿀꿀 더 알아보기

표로 나타내기

표는 조사한 자료를 일정한 기준에 따라 사각형 모양의 칸에 보기 쉽게 정리한 것입니다. 자료를 표로 나타내면 수량을 한눈에 알아볼 수 있어요.

종류	아이스크림	사탕	빵	초콜릿	과자	합계
개수	4	15	5	10	6	40

〈간식 종류별 개수-표〉

"정말 알아보기 쉽네!"

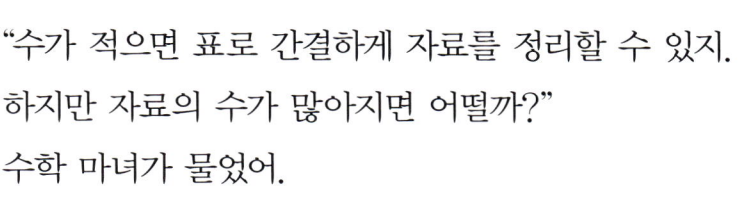

"수가 적으면 표로 간결하게 자료를 정리할 수 있지.
하지만 자료의 수가 많아지면 어떨까?"
수학 마녀가 물었어.
"표에 적힌 수를 헤아리는 데 시간이 오래 걸릴 거 같아요!"
데이지가 눈을 반짝이며 외쳤어.
"맞아. 그래서 자료의 수가 많을 때는 표 대신 그래프를 사용한단다.
그래프는 자료를 그림으로 나타내서 표보다 훨씬 보기 쉽거든."
수학 마녀가 찬찬히 설명했어.

꿀꿀 더 알아보기

그래프란?

그래프는 자료를 점이나 직선, 막대, 그림 등을 이용하여 자료를 나타낸 것이에요. 자료를 그래프로 나타내면 수량을 비교하거나 수량이 변화하는 것을 한눈에 알아볼 수 있어요.

"자, 이 신문을 보려무나."
수학 마녀는 신문을 펼치더니 기사에 담긴 다양한 그래프를 보여 주었어.
길쭉한 그래프, 둥그런 그래프, 번개 모양 그래프 등 가지각색이었지.
"우아, 그래프 종류가 정말 많은걸!"
도니가 입을 크게 벌리며 감탄했어.

꿀꿀 더 알아보기

그래프의 종류

그래프는 종류가 다양해요. 도형으로 나타내는 막대그래프와 비율그래프, 그림으로 나타내는 그림그래프, 점과 선으로 나타내는 꺾은선 그래프 등이 있어요.

"표를 어떻게 그래프로 나타내지?"
꾸리가 고개를 갸웃거리며 말했어.
"식은 죽 먹기야. 표에다 과자 개수만큼 동그라미로 표시하면 되거든."
어스는 표를 그리고는 순식간에 동그라미로 과자 개수를 표시했어.
"어스, 대단한데!"
데이지가 어스에게 빙긋 웃어 보였어.
어스는 신이 나서 어깨를 으쓱거렸어.

돼지 삼총사도 직접 그래프 그리기에 나섰어.
꾸리는 기다란 막대그래프를 그렸어.
"꼭 막대를 세워 둔 것 같아. 어떤 막대는 다른 막대보다 훨씬 긴데?"
꾸리가 그린 그래프를 보며 큐리가 말했어.
"난 그림으로 그래프를 만들어야지."
데이지는 그림그래프에 도전했어.
간식을 종류별로 그려 놓고 개수를 함께 적었지.
"와, 어떤 간식이 얼마나 있는지 한눈에 알아보겠어!"
데이지의 그래프를 본 도니가 엄지손가락을 척 내밀었어.

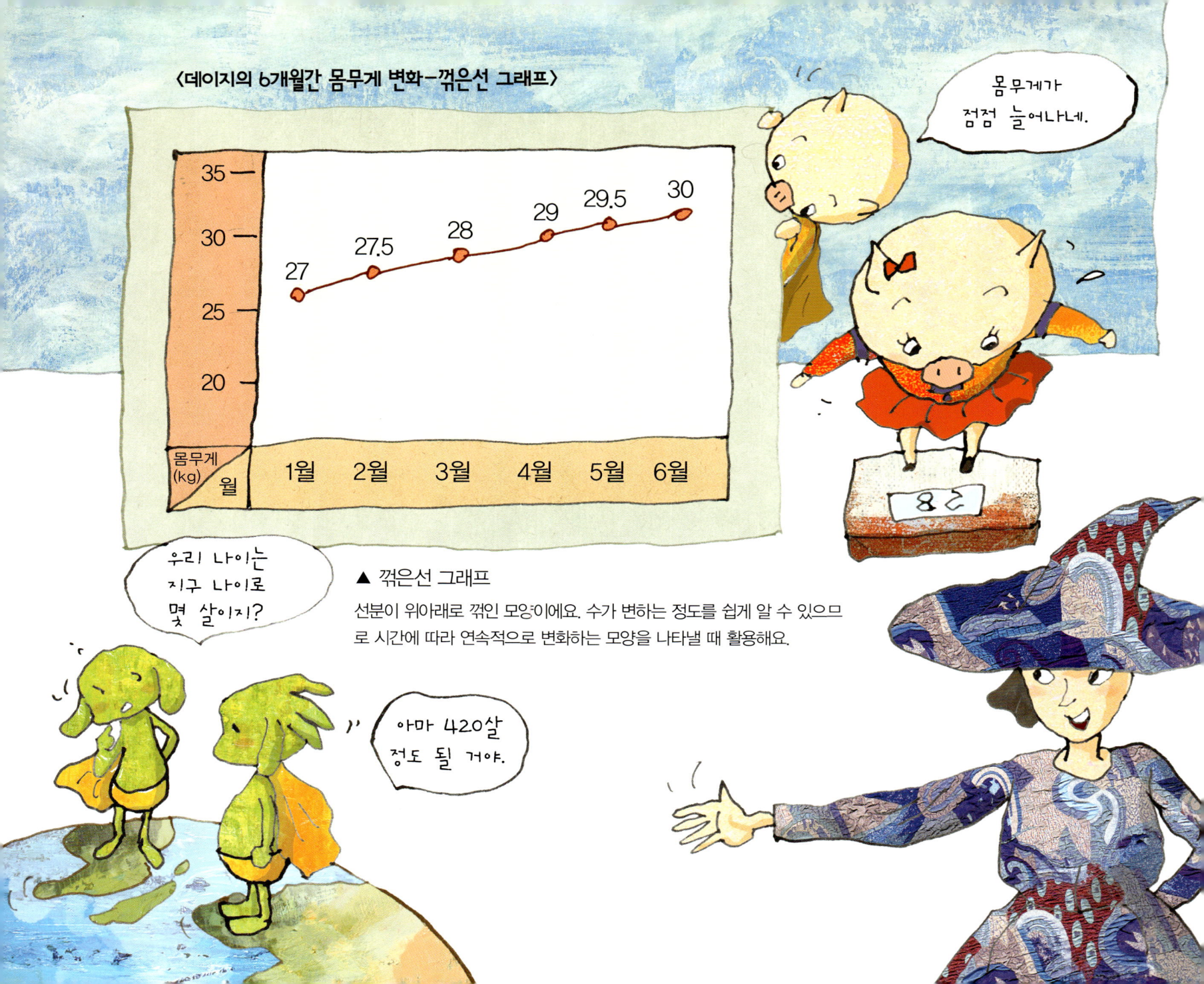

"어? 그러고 보니 그래프마다 좋은 점이 달라.
막대그래프는 수를 비교하기에 좋고, 그림그래프는 자료를 한눈에 파악하기 좋아."
꾸리가 눈을 반짝이며 말했어.
"그럼 지난 6개월간 바뀐 내 몸무게를 나타내는 데는 어떤 그래프가 좋을까?"
데이지가 눈을 굴리며 물었어.
"꺾은선 그래프를 그리면 어떠니?
시간에 따라 수가 어떻게 변하는지 살피기 좋거든."
수학 마녀가 번개 모양으로 그려진 그래프를 꾸리와 데이지에게 보여 주었어.

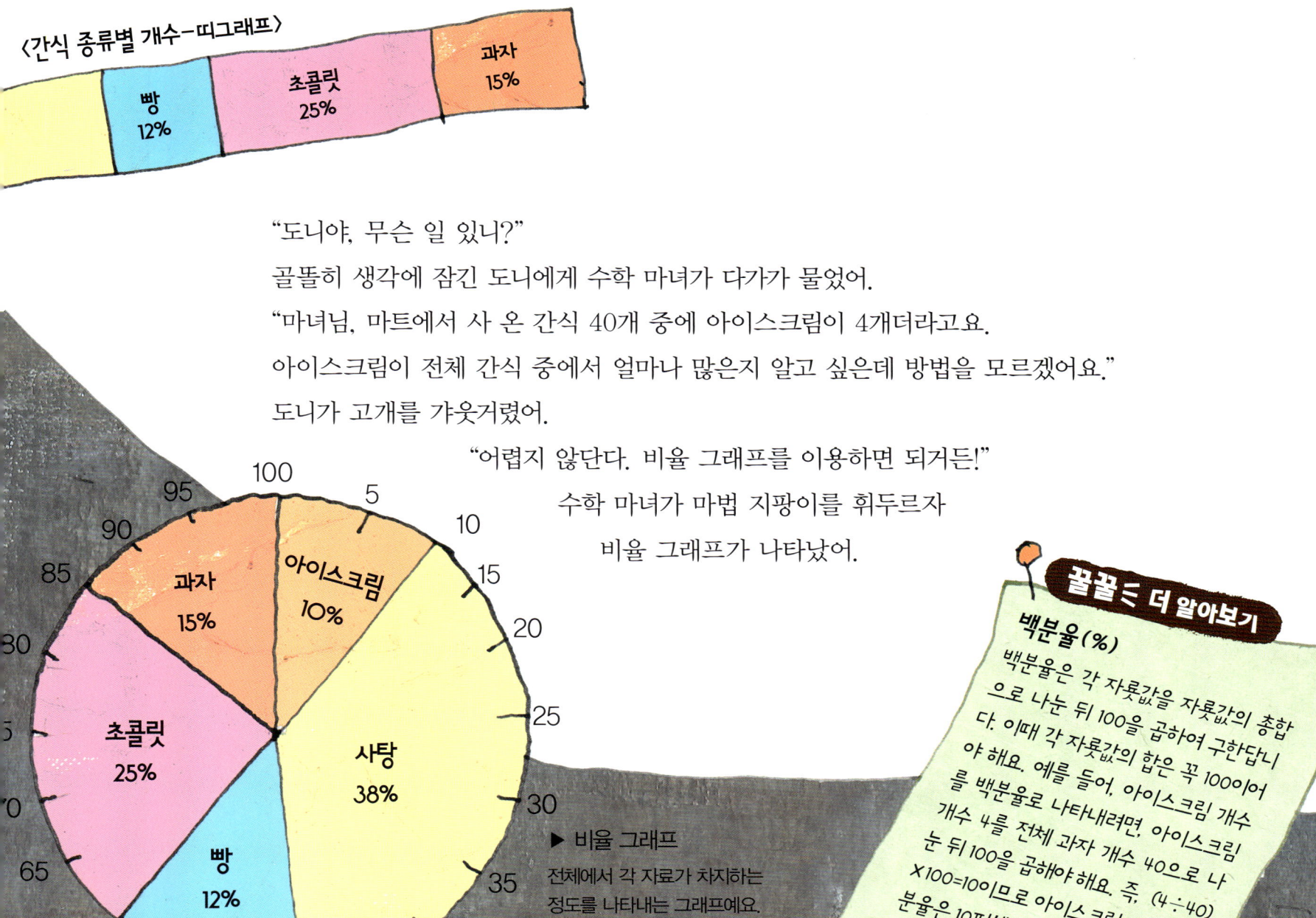

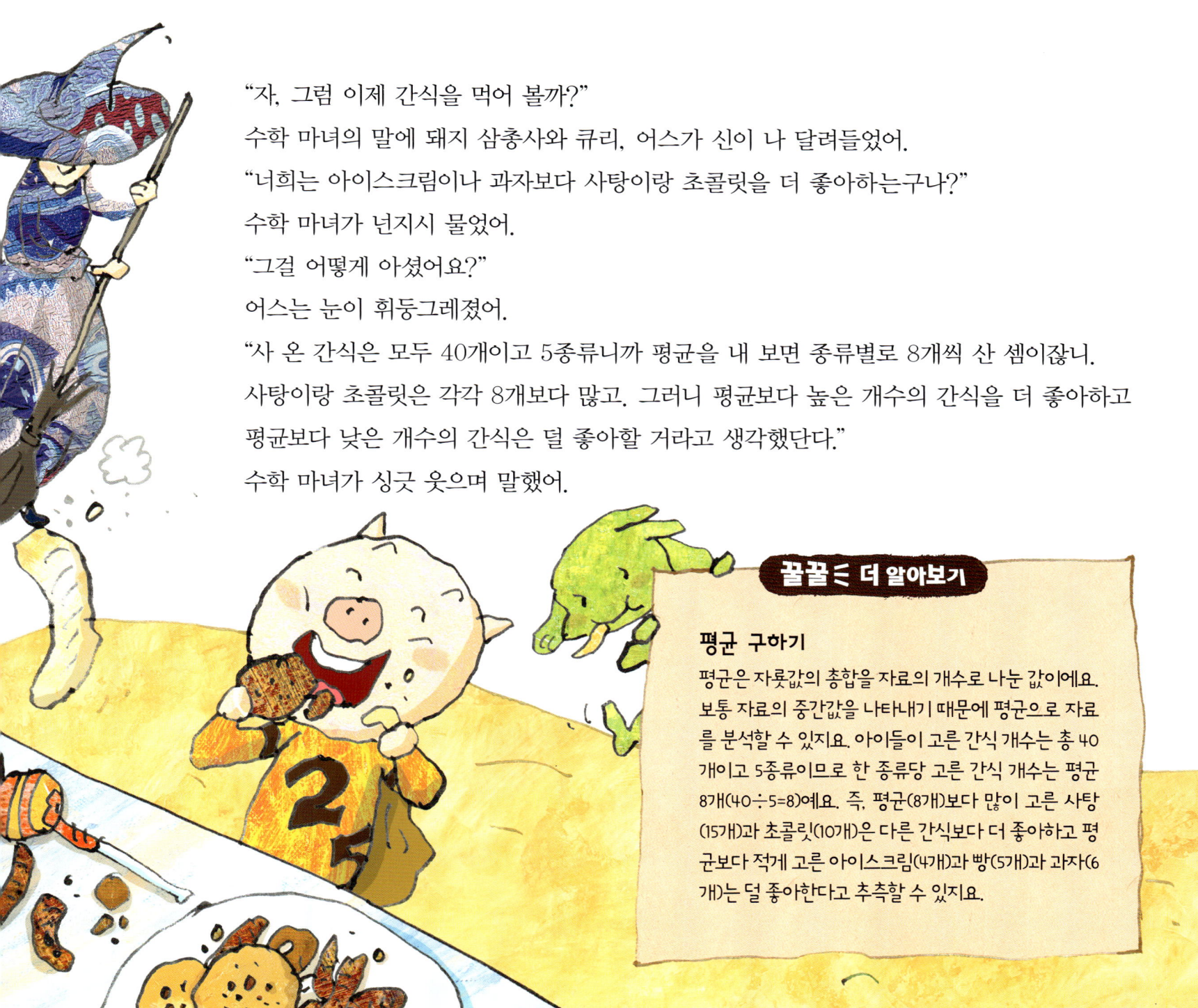

"자, 그럼 이제 간식을 먹어 볼까?"

수학 마녀의 말에 돼지 삼총사와 큐리, 어스가 신이 나 달려들었어.

"너희는 아이스크림이나 과자보다 사탕이랑 초콜릿을 더 좋아하는구나?"

수학 마녀가 넌지시 물었어.

"그걸 어떻게 아셨어요?"

어스는 눈이 휘둥그레졌어.

"사 온 간식은 모두 40개이고 5종류니까 평균을 내 보면 종류별로 8개씩 산 셈이잖니. 사탕이랑 초콜릿은 각각 8개보다 많고. 그러니 평균보다 높은 개수의 간식을 더 좋아하고 평균보다 낮은 개수의 간식은 덜 좋아할 거라고 생각했단다."

수학 마녀가 싱긋 웃으며 말했어.

꿀꿀 더 알아보기

평균 구하기

평균은 자룟값의 총합을 자료의 개수로 나눈 값이에요. 보통 자료의 중간값을 나타내기 때문에 평균으로 자료를 분석할 수 있지요. 아이들이 고른 간식 개수는 총 40개이고 5종류이므로 한 종류당 고른 간식 개수는 평균 8개(40÷5=8)예요. 즉, 평균(8개)보다 많이 고른 사탕(15개)과 초콜릿(10개)은 다른 간식보다 더 좋아하고 평균보다 적게 고른 아이스크림(4개)과 빵(5개)과 과자(6개)는 덜 좋아한다고 추측할 수 있지요.

"에이, 나는 빵 5개랑 아이스크림 2개를 골랐어.
사탕은 고작 1개만 골랐는데 내가 사탕이랑 초콜릿을 더 좋아한다고?"
도니는 통계 결과를 듣고 화가 났어.
"나도 과자 6개와 아이스크림 2개를 골랐는걸.
내가 과자랑 아이스크림을 좋아하지 않는다니 말도 안 돼."
큐리도 못마땅한 듯 얼굴을 찡그렸어.
이게 대체 어떻게 된 일일까?
바로 사탕을 좋아하는 꾸리가 사탕을 8개,
초콜릿을 좋아하는 어스가 초콜릿을 8개나 고른 탓이었어!

꿀꿀~ 더 알아보기

평균의 함정

평균에는 함정이 있어요. 평균은 자료를 대략적으로 살펴볼 수 있는 좋은 방법이지만 자료 전체를 완벽하게 추측할 수 없어요. 아이들이 고른 간식처럼 말이에요. 돼지 삼총사와 큐리, 어스가 사탕과 초콜릿을 다른 간식보다 더 좋아한다고 할 수 있지만, 모두가 사탕과 초콜릿을 좋아한다고 추측할 수는 없어요. 큐리와 도니처럼 사탕과 초콜릿을 고르지 않은 경우도 있으니까요.

내가 돌아올 때까지 모두 끝내도록!

돼지 삼총사와 큐리, 어스는 마녀의 빗자루를 타고 마왕의 소굴로 갔어.
"드디어 돌아왔군. 어서 우리 군대의 전투력을 통계 내 봐!"
마왕이 산더미 같은 자료를 건네주며 명령했어.
"지금 우리한텐 우주 마왕 별에 있는 군사의 수, 우주 비행선의 대수,
무기의 개수에 대한 자료가 있어. 무기 종류에 대한 자료도 있으면 좋겠는데……."
큐리가 자료를 살피며 말했어.
"앗, 무기 종류에 대한 자료는 여기 있어!"
어스가 먼지로 뒤덮인 자료를 찾아냈지.

꿀꿀 더 알아보기

직접 통계 내기 1

마왕의 군대를 염탐할 절호의 기회야!

① **목적 확인하기**
우주 마왕은 통계로 군대의 전투력을 파악하고 싶어 해요.

② **자료 수집하기**
전투력을 파악할 때 필요한 자료에는 군사 수, 무기 수, 우주 비행선의 수, 무기의 종류가 있어요.

돼지 삼총사와 큐리, 어스는 마왕이 준 자료를 순식간에 정리했어.

"군사는 20,000명, 무기는 18,000개, 5명씩 탈 수 있는 우주 비행선은 5,000대야."

"무기의 종류는 레이저 총이 9,000개, 대포가 6,000대, 탱크가 3,000대로 나뉘어."

데이지와 도니가 자료의 수를 헤아렸어.

"좋아. 이제 자료를 표와 그래프로 만들어 보자. 군사와 우주 비행선, 무기의 수는 그림그래프로 나타내면 어떨까?"

큐리가 자료를 찬찬히 살펴보다 제안했어.

"좋아. 무기의 종류는 비율 그래프로 만들어 보자!"

어스가 힘찬 목소리로 말했어.

군사를 많이도 모았군!

꿀꿀 더 알아보기

직접 통계 내기 2

③ **분류 및 정리하기**
찾은 자료를 표와 그래프로 나타내요. 군사 수·무기 개수·우주 비행선 수는 그림그래프로, 무기 종류별 개수는 비율 그래프로 나타내요.

④ **자료 해석하기**
우주 마왕의 군대는 군사에 비해 무기가 부족해요. 무기 종류로는 레이저 총이 가장 많아요. 하지만 우주 비행선은 모든 군사가 타고도 남을 만큼 많아요.

⑤ **판단 및 활용하기**
우주 마왕은 이 통계를 바탕으로 무기를 더 준비할 것이라 예상할 수 있어요.

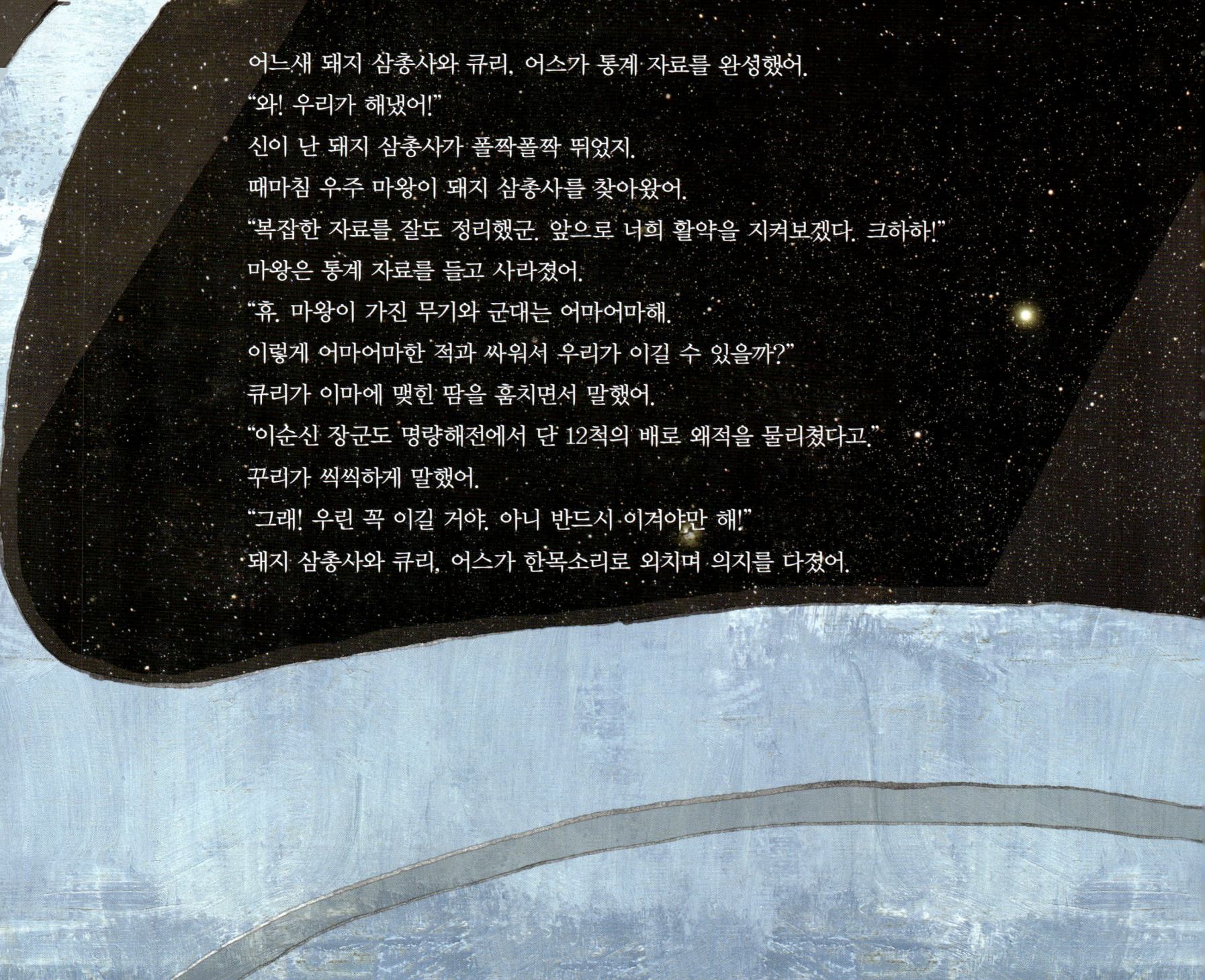

어느새 돼지 삼총사와 큐리, 어스가 통계 자료를 완성했어.
"와! 우리가 해냈어!"
신이 난 돼지 삼총사가 폴짝폴짝 뛰었지.
때마침 우주 마왕이 돼지 삼총사를 찾아왔어.
"복잡한 자료를 잘도 정리했군. 앞으로 너희 활약을 지켜보겠다. 크하하!"
마왕은 통계 자료를 들고 사라졌어.
"휴. 마왕이 가진 무기와 군대는 어마어마해.
이렇게 어마어마한 적과 싸워서 우리가 이길 수 있을까?"
큐리가 이마에 맺힌 땀을 훔치면서 말했어.
"이순신 장군도 명량해전에서 단 12척의 배로 왜적을 물리쳤다고."
꾸리가 씩씩하게 말했어.
"그래! 우린 꼭 이길 거야. 아니 반드시 이겨야만 해!"
돼지 삼총사와 큐리, 어스가 한목소리로 외치며 의지를 다졌어.

용감한 돼지 삼총사와 떠나는 창의적 수학 교과서
돼지학교 수학

돼지학교 수학 시리즈는 초등 수학의 다섯 가지 영역인 수와 연산, 도형, 측정, 규칙성, 확률·통계의 기초를 다지면서 여러 가지 현상과 생활이 연결된 수학적 의미와 수학의 역사, 수학자 이야기, 생활 속 수학 등을 스토리텔링 방식으로 익힐 수 있게 구성된 수학 책입니다. 돼지 삼총사와 함께 떠나는 신 나는 수학 여행! 그 속에서 여러 가지 미션을 수행하며 자연스럽게 창의적 문제해결 능력을 키울 수 있습니다.

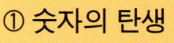

① 숫자의 탄생　⑥ 다양한 연산법　⑪ 측정의 단위　⑯ 비와 비율
② 고대 숫자　　⑦ 평면도형　　　⑫ 시간과 시각　⑰ 집합
③ 약수와 배수　⑧ 입체도형　　　⑬ 통계와 그래프　⑱ 자연 속 수학
④ 분수와 소수　⑨ 다각형　　　　⑭ 확률　　　　　⑲ 예술 속 수학
⑤ 사칙 연산　　⑩ 원과 원주율　⑮ 함수　　　　　⑳ 역사 속 수학

용감한 돼지 삼총사와 떠나는 창의적 융합과학 교과서
돼지학교 과학

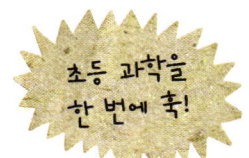

초등 과학을 한 번에 쏙!

초등 과학의 네 가지 영역인 생명, 지구와 우주, 물질, 운동과 에너지 분야를 모두 학습할 수 있도록 구성되었습니다.
꼭 알아야 할 초등 과학 지식을 주제별로 한 권에 하나씩 담아 초등 과학 과정 전체를 선행 학습할 수 있게 도와줍니다.

① 똥 속에 빠진 돼지 소화와 배설
② 우주로 날아간 돼지 태양계와 별
③ 물 속에 빠진 돼지 물의 순환
④ 빛 속으로 날아간 돼지 빛과 소리
⑤ 뇌 속에 못 들어간 돼지 뇌의 구조와 기능
⑥ 뼈 속까지 들여다본 돼지 뼈의 구조와 기능
⑦ 달에 착륙한 돼지 지구와 달
⑧ 구름을 뚫고 나간 돼지 날씨와 기후 변화
⑨ 줄기 속으로 들어간 돼지 식물의 종류와 한살이
⑩ 개미지옥에 빠진 돼지 곤충의 한살이
⑪ 갯벌을 찾아 나선 돼지 갯벌의 동식물과 생태
⑫ 자동차 속으로 들어간 돼지 교통수단의 발달과 원리
⑬ 미생물을 먹은 돼지 미생물의 종류와 하는 일
⑭ 땅속을 뚫고 들어간 돼지 지층과 화석
⑮ 알을 주워 온 돼지 알과 껍데기
⑯ 열 받은 돼지 핵과 에너지
⑰ 로켓을 버리고 날아간 돼지 로켓과 우주선
⑱ 고래를 따라간 돼지 고래의 종류와 생태
⑲ 마술 부리는 돼지 산과 염기
⑳ 로봇 속으로 들어간 돼지 로봇의 원리와 하는 일

다양한 모험 속에서 돼지 삼총사가 여러 가지 미션을 수행하는 과정을 통해 초등 과학 지식뿐만 아니라, 어린이들이 그 지식을 바탕으로 좀더 깊고 넓게 학습할 수 있는 자발적 과학 탐구력까지 길러 줍니다.

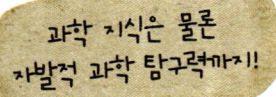

과학 지식은 물론 자발적 과학 탐구력까지!

전문가의 손길이 닿은 정확한 내용

한 권 한 권마다 그 분야 전문가들의 철저한 감수를 통해 정확한 과학 지식만을 전달하고 있습니다.